D.r Paul FAREZ

LICENCIÉ ÈS-LETTRES (PHILOSOPHIE),

Secrétaire Général adjoint de la Société d'Hypnologie et de Psychologie.

TRAITEMENT PSYCHOLOGIQUE

DU

MAL DE MER

ET DES

VERTIGES DE LA LOCOMOTION

(Chemin de Fer, Omnibus, Tramway, etc.)

« L'esprit gouverne, le corps obéit »
(LIÉBEAULT).

PARIS

A. MALOINE, ÉDITEUR

23-25, RUE DE L'ÉCOLE-DE-MÉDECINE, 23-25

1899

TRAITEMENT PSYCHOLOGIQUE

DU

MAL DE MER

ET DES

VERTIGES DE LA LOCOMOTION

Chemin de Fer, Omnibus, Tramway, etc.

DU MÊME AUTEUR

De la dyshidrose. Paris, MALOINE, 1897, 205 pages.

Application pédagogique du traitement psycho-mécanique. Paris, MALOINE, 1898, avec deux planches.

De la suggestion pendant le sommeil naturel dans le traitement des maladies mentales. Paris, MALOINE, 1898, 46 pages.

Eloge d'Auguste Voisin. *Revue de l'Hypnotisme*, Juillet 1898.

Un dexiotétomètre. *Revue illustrée de Polytechnique médicale et chirurgicale*, 30 Novembre 1898.

Hypnotisme et sommeil prolongé dans un cas de délire alcoolique. *Société d'Hypnologie et de Psychologie*, 20 Mars 1899.

Fausse angine de poitrine consécutive à un rêve subconscient. *10ᵉ congrès des médecins aliénistes et neurologistes*, Marseille, Avril 1899.

Contre la morphinomanie. *Société d'Hypnologie et de Psychologie*, 15 Mai 1899.

Dʳ Paul FAREZ

LICENCIÉ ÈS-LETTRES (PHILOSOPHIE),

Secrétaire Général adjoint de la Société d'Hypnologie et de Psychologie.

TRAITEMENT PSYCHOLOGIQUE

DU

MAL DE MER

ET DES

VERTIGES DE LA LOCOMOTION

(Chemin de Fer, Omnibus, Tramway, etc.)

« L'esprit gouverne, le corps obéit »
(LIÉBEAULT).

PARIS

A. MALOINE, ÉDITEUR

23-25, RUE DE L'ÉCOLE-DE-MÉDECINE, 23-25

1899

TRAITEMENT PSYCHOLOGIQUE

DU

MAL DE MER

ET DES

VERTIGES DE LA LOCOMOTION

(Chemin de fer, Omnibus, Tramway, etc.)

I

LES FAITS

1. *Mal de mer* : Cas de Gorodichze, Crocq (fils), Bérillon, Thwing.
2. *Vertiges de la locomotion* : Cas personnels : chemin de fer, omnibus, tramway. — Cas de Montaigne : litière.

En juillet 1896, à la sixième séance annuelle de la Société d'Hypnologie, M. le Dr Gorodichze a fait une très importante communication sur le traitement du mal de mer. Tandis que les moyens les plus divers successivement préconisés sont demeurés impuissants à prévenir ce malaise très douloureux, M. Gorodichze a montré, par des cas probants, que la suggestion hypnotique peut, à elle seule, empêcher l'apparition de la naupathie. Par exemple, dans un voyage sur une mer « littéralement en furie », tous les passagers qui se trouvaient à bord furent malades, sauf un seul, celui-là même auquel notre confrère avait fait des suggestions préventives ([1]).

Pendant le congrès de Neurologie tenu à Bruxelles, en septembre 1897, j'avais l'honneur de m'entretenir de ce sujet avec M. le Dr Crocq (fils), et celui-ci me raconta le fait suivant : Une dame, obligée d'aller fréquemment de Belgique en Angleterre et *vice versa*, était chaque fois très malade pendant toute la traversée. Elle vint demander à M. Crocq les secours de la suggestion hypnotique, et le savant médecin belge lui fit une séance de psychothérapie. Quelque temps après, il apprenait, par une lettre expédiée de Londres, que cette dame, lors de son dernier voyage, n'avait pas éprouvé le moindre malaise, bien que la mer eût été ce jour-là « particulièrement démontée ».

Il y a quelques jours, M. le Dr Bérillon me rapportait que, dans quatre cas analogues, il a fait intervenir la suggestion, et qu'ainsi quatre fois il a pu créer l'immunité chez des personnes qui jusqu'alors avaient été très sujettes au mal de mer.

D'ailleurs, déjà en 1883, à l'Académie des Sciences de New-York, le professeur Thwing avait rapporté à ses collègues l'observation de neuf personnes qu'il avait pu rendre réfractaires au mal de mer, grâce au sommeil provoqué. Toutefois, l'intervention du Pr Thwing diffère des précédentes en ce qu'elle a été non pas seulement préventive, mais véritablement curative. En effet, elle s'est exercée à bord même du navire et elle a eu raison du mal de mer alors que celui-ci, déjà constitué, se donnait un libre cours. Dans un cas, tout particulièrement, un passager était incapable de conserver aucun aliment depuis qu'on avait quitté le port, c'est-à-dire depuis deux jours. Traité par Thwing, il fut guéri séance tenante, à son grand ébahissement ; il put en effet, très peu de temps après, déguster et conserver un dîner de « roast mutton ».

— Une autre fois, il s'agissait d'un passager très robuste qui vomissait abondamment. Comme cet homme ne comprenait

(1) « Le mal de mer et le moyen de le prévenir par la suggestion hypnotique »; *Revue de l'Hypnotisme*, 11e année, p. 124.

pas l'anglais, Thwing, sans lui adresser la parole, mais simplement par gestes, l'attira sur un siège, l'endormit et obtint rapidement l'anesthésie complète ainsi que la suppression des vomissements ([1]).

Voilà donc des faits dûment constatés par des observateurs circonspects, sincères, et appartenant à des nationalités différentes. Ces faits sont acquis à la science. C'est donc avec confiance que les passagers pourront réclamer et les psycho-thérapeutes appliquer la suggestion contre la naupathie.

*
* *

Or, à côté du véritable mal de mer à grand fracas, il convient de placer d'autres malaises que certaines personnes éprouvent à terre, en tramway, en omnibus, en chemin de fer, etc. Ces malaises, que je désigne sous le nom de « vertiges de la locomotion », sont identiques au mal de mer, quant à la variété des symptômes morbides; ils en diffèrent toutefois par la moindre intensité des phénomènes douloureux; ils sont, en somme, des diminutifs du vertige naupathique. Ce sont eux qui ont le plus particulièrement attiré mon attention, et l'expérience m'a montré qu'ils peuvent, eux aussi, céder au traitement suggestif.

D'ailleurs, les observations suivantes justifient mon dire.

1.

Il y a quelques mois, me trouvant appelé en province, je pris un express à l'une des gares de Paris. Nous étions dans le train depuis près d'une demi-heure, lorsqu'un petit garçon de sept ans environ, assis non loin de moi, se met à pâlir : des

(1) The treatment of sea-sickness by the trance-state, (*Transact. of the New-York Acad. of Sc.*, 1882-83, 64-66.)

gouttes de sueur perlent sur son front, son regard devient vague, sa respiration irrégulière... Sa mère, qui l'observait anxieusement, s'écrie alors d'un air de dépit : « Ça y est! Il va encore être malade! » Puis, elle se hâte d'ouvrir la portière pour que l'enfant puisse vomir en dehors du wagon.

Rapidement je m'informe. J'apprends qu'il ne peut s'agir d'une indigestion : « Ce ne sont pas, dit le père, des aliments que va rendre l'enfant, car, à dessein, on s'est bien gardé de lui rien donner à manger depuis plusieurs heures. Seulement, c'est la quatrième ou cinquième fois que notre bambin va en chemin de fer, et pas une fois il n'a pu échapper à cette indisposition. »

Ainsi renseigné, je décline ma qualité de médecin, j'invoque ma pratique psychothérapique...; les parents, aussitôt, non seulement me permettent, mais encore me prient instamment d'intervenir, et, séance tenante, j'endors mon petit bonhomme. Puis, je lui fais des suggestions appropriées, je mobilise toute son attention, je l'amène à faire de l'inhibition ; à titre d'adjuvant psychique, j'ai recours à un très léger massage de la région épigastrique, etc. Le calme ne tarde pas à se rétablir et le voyage se termine sans encombre.

Depuis lors, chaque fois que cet enfant a dû aller en chemin en fer, je lui ai fait, au préalable, des suggestions préventives qui, chaque fois aussi, ont été couronnées de succès. Dans ce dernier mois, il a pu voyager impunément pendant plusieurs heures, sans avoir eu recours à mon intervention. Je le considère comme immunisé.

2.

Un second fait concerne une jeune dame mariée, mère de famille, quelque peu fantasque, très impressionnable et sujette à des crises convulsives lors d'une contrariété un peu vive.

Toutes les fois qu'elle monte dans un de ces lourds omnibus qui sillonnent les pavés souvent raboteux de la capitale (particulièrement « Batignolles-Clichy-Odéon », à la descente des rues de Douai, Fontaine et Notre-Dame de Lorette), elle ne tarde pas à « voir trouble » ; les objets paraissent vaciller devant elle, puis il lui prend « mal au cœur » et *elle sent bien* qu'elle ne tarderait pas à vomir si elle ne descendait immédiatement. Elle a dès lors pour tout omnibus et pour tout tramway une répulsion qui tient presque de la phobie. Aussi est-ce toujours en fiacre qu'elle fait ses très nombreuses courses dans Paris. Mais il en résulte que les frais de voiture pèsent très lourdement sur le budget de ce modeste ménage.

En quelques séances de suggestion, j'ai pu supprimer cette sorte de phobie. Grâce à mon traitement, cette dame peut aujourd'hui, sur n'importe quelle ligne d'omnibus ou de tramway, à l'intérieur ou à l'impériale, effectuer impunément des trajets d'une durée quelconque. Et ce n'est pas le mari qui en est le moins content.

3.

Mon troisième cas se rapporte aussi à une dame mariée et mère de famille. Elle n'aime pas beaucoup sortir de chez elle et se contente de faire à pied quelques courtes promenades ou quelques courses dans son quartier. Toutefois, quand il lui arrive de se déplacer assez loin dans Paris, pour aller voir une parente, par exemple, elle n'est nullement incommodée par le cahot des omnibus, pas même par « Montmartre-Place Saint-Jacques », à la descente de la rue Rochechouart. Mais, par contre, elle souffre extrêmement dans les tramways à traction mécanique (dont les trépidations sont peu amples, mais très rapprochées.) Tout récemment, elle a été obligée de se rendre plusieurs fois du boulevard Barbès au milieu de la rue du Faubourg Saint-Antoine, et elle est montée sur « St-Ouen-Bastille ». Or, à peine assise dans le dit tramway, cette dame a éprouvé un malaise très pénible qu'elle a mal observé et qu'elle ne peut guère définir, car les douleurs ont été tellement fortes que son pouvoir de réflexion et de contrôle en était considérablement amoindri. Toutefois, elle se souvient de nausées, de tremblements, de palpitations et, par dessus tout, d'un sentiment très angoissant de froid intense (et l'on est en plein été !) Arrivée à la place de la Bastille, elle se trouve tellement « patraque, exténuée, anéantie », qu'elle n'ose pas prendre la correspondance « Louvre-Vincennes » ; c'est à pied qu'elle se rend à destination et qu'ensuite elle revient boulevard Barbès.

Or, la même scène, parfois moins intense, il est vrai, se reproduit toutes les fois que cette dame use d'un tramway de ce genre. Bien plus, elle y rêve pendant la nuit suivante ; elle revit la scène douloureuse et elle éprouve à nouveau pendant son sommeil les émotions pénibles du voyage.

Rappelons que cette personne a été jadis quelque temps muette, à la suite d une violente émotion ; elle est actuellement amblyopique et présente un rétrécissement du champ visuel pour les deux yeux, plusieurs zones d'anesthésie dans la région précordiale, de l'hémianesthésie à droite, etc. A la suite de préoccupations domestiques et de commotions morales, elle est devenue sujette à de nombreuses viscéralgies et topoalgies ; en outre, ses muscles de la nuque sont affectés d'une contracture permanente qui rend presque impossibles les mouvements de rotation de la tête. J'endors très facilement cette malade et, par suggestion, je la débarrasse de tout ce qui la fait souffrir. Chaque fois qu'elle sort de chez moi, elle se trouve redevenue bien portante. La contracture est ainsi définitivement supprimée, mais les douleurs reviennent par intervalles (1). Pour ne pas multiplier outre mesure les visites de cette dame à mon cabinet, et pour lui permettre de se soulager elle-même, je lui avait dit : « Vous avez ici, au bas de la nuque, à l'endroit de votre ancienne contracture, *un point hypnogène*. Lorsque vos douleurs réapparaîtront violentes, vous aurez soin de vous installer commodément dans un fauteuil, puis, avec la main droite, vous appuierez sur ce

_____

(1) Ces récidives fréquentes étaient sous la dépendance d'un rêve, ainsi que j'ai pu en acquérir la certitude quelque temps après. Le calme et la santé ont été rendus à cette malade, du jour où j'ai pu supprimer le retour de ce rêve et restaurer le sommeil normal.

point hypnogène, et aussitôt vous tomberez dans un profond sommeil, comme vous le faites quand c'est moi qui vous endors. Vous dormirez ainsi cinq minutes, puis, au bout de ce temps, vous vous éveillerez seule : toute douleur aura complètement disparu, ainsi que cela arrive toutes les fois que je vous éveille. » Ce procédé avait pleinement réussi. J'eus l'idée d'en tenter un analogue contre le vertige si pénible qu'elle éprouvait en tramway et je lui tins ce langage, toujours pendant son sommeil : « Je viens de vous découvrir au poignet droit, près du pli de flexion de la main sur l'avant-bras, dans la région où l'on tâte le pouls, un point hypnogène d'une espèce particulière. La première fois que vous prendrez le tramway « Saint-Ouen-Bastille » qui vous est si funeste, vous aurez soin, une fois assise, de porter le pouce gauche sur ce point hypnogène, vous ne vous endormirez pas, vous resterez bien éveillée, mais la compression de cette zone précieuse vous rendra réfractaire à tout malaise. »

Cette dame, à son réveil, ne se rappelle rien. Le lendemain, avant de sortir de chez elle, elle se lamente et dit à son mari : « C'est désolant que je sois encore obligée d'entreprendre ce satané voyage. Sûrement je vais être de nouveau malade et je serai toute détraquée quand je rentrerai ! »

Peu de temps après, je la revois ; elle me raconte ceci : « C'est extraordinaire, je n'ai pas éprouvé le moindre malaise ! Mais, d'autre part, pendant toute la durée du trajet, je me suis sentie obligée de me *croiser les mains* ; c'était plus fort que moi, je ne pouvais pas m'en empêcher. Est-ce assez grotesque que je n'aie pas pu m'affranchir d'une pareille obsession ! »

Je l'endors à nouveau et je lui parle ainsi : « Cette compression du point hypnogène est très utile ; c'est grâce à elle qu'une fois déjà vous êtes restée indemne et, qu'en outre, vous allez conquérir l'immunité définitive. A votre prochain voyage, vous recommencerez de même, mais vous saurez ce que vous faites et pourquoi vous le faites ; vous comprendrez toute l'efficacité de cette pratique ; et, aux voyages suivants, sans avoir besoin de recourir à un procédé quelconque, vous vous sentirez devenue tout à fait réfractaire au malaise de jadis. »

Il y a de cela plusieurs mois, et cette dame peut aujourd'hui aller impunément sur toute espèce de tramway. Elle est à la fois radieuse et fière du résultat obtenu : l'on ne serait pas très bien reçu si l'on venait lui dire du mal de l'hypnotisme !

4.

J'avais un jour l'occasion d'exposer à un confrère de province tout le parti qu'à mon sens on pouvait tirer du traitement psychologique dans les vertiges de la locomotion. Quelque temps après je reçus de ce médecin une lettre que je résume brièvement. Dans sa clientèle, me dit-il, se trouve précisément une grande jeune fille de vingt ans qui peut-être serait justiciable d'une telle thérapeutique. Cette jeune fille est la parente préférée d'une tante à héritage, laquelle habite Paris et désire que sa chère nièce vienne, au moins une fois l'an, passer quelques semaines auprès d'elle. La dite nièce a donc ainsi fait le voyage de Paris quatre ou cinq fois ; mais, pendant tout le temps qu'elle passe dans le train, elle éprouve des vertiges, des nausées, des vomissements ; elle est, en outre, couverte de sueurs froides, éprouve une courbature générale et souffre beaucoup. Dès lors, l'idée seule de monter en chemin de fer lui cause une très grande appréhension. Fortement invitée à venir encore une fois à Paris, elle a inventé toutes sortes de prétextes pour retarder le voyage ; mais les lettres de la tante deviennent pressantes, il ne faut pas la mécontenter, et notre jeune fille va se décider à affronter de nouveau le danger, mais, comme on dit, « la mort dans l'âme » et en proie à une angoisse très douloureuse ; en effet, raconte-t-elle, il est bien entendu que cette fois, pas plus que les précédentes, elle n'échappera à son mauvais sort.

Mon confrère n'a aucune expérience de l'hypnotisme ; il redoute un échec, aussi préfère-t-il ne pas essayer de provoquer le sommeil. Que faire alors, m'écrit-il ? — Il reste bien, lui ai-je répondu, la suggestion pendant le sommeil naturel, mais là encore peut-être persisterez-vous à douter de vous-même. Le mieux alors est d'avoir recours à la suggestion indirecte pendant l'état de veille. Avant le départ de cette jeune fille, occupez-vous d'elle longuement et avec prévenance. Faites-lui un très léger massage de la région épigastrique, appliquez-y une pommade psychique, joignez à cela un courant faradique très faible, etc. Mais, pendant tout ce temps, soyez loquace, expliquez abondamment l'avantage de chacune de ces pratiques, soyez affirmatif et autoritaire, paraissez convaincu et faites partager votre conviction. De plus, ayez soin de munir votre voyageuse d'une potion psychique ; dites-lui qu'il s'agit d'un remède infaillible, récemment préconisé et que je vous ai fait parvenir exprès pour elle ; de cette potion elle devra prendre, par exemple, très régulièrement, montre en main, une cuillerée à café toutes les demi-heures.

Ces prescriptions furent suivies à la lettre et, un beau jour, je vis arriver chez moi cette jeune fille qui, toute reconnaissante, venait me remercier chaleureusement : elle était arrivée à Paris sans encombre et c'était manifestement ma potion qui l'avait immunisée. Un mois après, le jour même de son retour en province, je lui fis pendant le sommeil hypnotique des suggestions préventives et, sans le secours d'aucune potion, elle supporta le plus normalement du monde ses quelques heures de chemin de fer. Elle se sent maintenant tout à fait devenue réfractaire au malaise qui jadis la faisait tant souffrir.

5.

Il s'agit maintenant d'une demoiselle âgée de trente ans, institutrice de la ville de Paris. Très intelligente et très courageuse, elle travaille beaucoup pour acquérir de nouvelles connaissances ; peut-être même est-elle un peu surmenée ; en tous cas, elle ne présente aucun des symptômes classiques de l'hystérie. Depuis de nombreuses années, dit-elle, elle s'interdit tout omnibus et tout tramway ; ce n'est certes pas une fois tous les six mois, en moyenne, qu'elle a recours à ce genre de locomotion ; le fiacre même l'incommode, et c'est toujours

à pied qu'elle se déplace dans Paris, quelle que soit la durée
de ses courses. Quand viennent les vacances, elle se rend
dans sa famille en province, mais toujours pendant la nuit,
car, si elle s'aventurait à voyager de jour en chemin de fer,
elle éprouverait, dit-elle, « un violent mal de mer ». C'est elle-
même qui, tout spontanément, emploie cette expression.

Je la fais asseoir commodément dans un fauteuil et je m'ap-
plique à l'endormir. Mais son attention est distraite, son regard
s'écarte souvent du mien, et ainsi je ne parviens à obtenir
qu'une très légère somnolence. Néanmoins, je lui fais les
suggestions appropriées à ce cas; puis j'ajoute: « Comme
vous habitez à une heure d'ici, vous aurez soin de prendre
l'omnibus toutes les fois que vous devrez venir me voir; vous
emporterez avec vous un livre intéressant, vous vous appli-
querez à lire sans interruption pendant toute la durée du trajet
et vous concentrerez votre attention sur cela même que vous
lirez; vous arriverez ainsi à destination sans avoir éprouvé le
moindre malaise. » Alors je l'éveille et elle s'en va, fort peu
convaincue d'ailleurs. Elle conserve la pleine mémoire de tout
ce qui s'est passé.

Quelques jours après, elle vient chez moi dans la matinée,
comme c'était convenu, et elle me confesse que tout s'est passé
comme je l'avais à la fois prescrit et prédit.

Je l'endors à nouveau, puis je réitère les suggestions précédentes pour les corroborer et les fixer. J'éveille ensuite cette
demoiselle, et au moment de prendre congé d'elle, je lui dis:
« La prochaine fois, vous viendrez l'après-midi, à l'heure de
ma consultation. » — « Mais alors, riposte-t-elle, je viendrai à
pied; car je suis bien certaine *qu'après le déjeuner* il me serait
impossible de supporter l'omnibus. » Je la gronde de sa
méfiance et je lui affirme avec autorité qu'après ou avant les
repas, à jeun ou en pleine digestion, elle ne court plus aucun
risque. — « Eh bien! soit, dit-elle, je prendrai l'omnibus, puisque
vous y tenez! » Mais elle prononce ces paroles d'un air fort
peu enthousiaste, comme s'il s'agissait d'une corvée: elle n'y

consent en effet que pour me faire plaisir et pour se conformer à la promesse qu'elle m'a faite d'être docile. Néanmoins, au jour désigné, le trajet s'effectue sans qu'elle soit incommodée en aucune façon.

Cette demoiselle, ai-je dit, est très méfiante et croit difficilement à sa complète immunisation. Quelques jours après, au lieu de lire sans interruption, comme il avait été convenu, elle suspend fréquemment sa lecture, et alors s'analyse, se scrute, s'interroge sur ce qu'elle éprouve, regarde ce qui se passe sur la chaussée..., et tout cela impunément ! Elle est convaincue par cette expérience et consent à avouer enfin qu'elle se sent devenue réfractaire. Dès lors la lecture absorbante est devenue inutile.

Il y a mieux. Quelque temps après, cette demoiselle m'arrive toute radieuse et me raconte ceci : « Ce ne sont pas seulement les omnibus que je puis affronter sans danger. Avant-hier j'ai pris successivement un tramway traîné par des chevaux et un autre à traction mécanique : je n'ai pas éprouvé le moindre trouble. Bien plus, hier, qui était jour de fête, je suis allée faire une excursion dans les environs de Paris. Nous avons pris le train après le déjeuner, et mes amies, en prévision du malaise auquel je les avais habituées, s'étaient, à mon intention, munies de fioles et de sels. A chaque instant elles s'attendaient à me voir verdir ; elles ne cessaient même de m'interroger avec inquiétude à ce sujet. Mais moi, très placidement, je leur répondais : « Non, non, je n'ai rien et je n'aurai rien ! » Elles n'en revenaient pas ! Puis, après avoir quitté le train, nous avons dû monter dans un affreux petit omnibus qui nous secouait terriblement. J'ai été aussi vaillante que les autres et j'ai pu, en outre, le même jour, aller impunément en automobile. J'ai donc passé une journée délicieuse, au grand ébahissement de mes compagnes. Or, depuis déjà longtemps, j'avais dû m'interdire toute excursion, toute partie de campagne, parce que non seulement cela me faisait beaucoup souffrir, mais encore j'étais à charge aux autres et devenais un véritable trouble fête. Maintenant tout cela va changer, et j'en suis bien heureuse. »

6.

Cette dernière observation présente un intérêt historique tout particulier ; elle se rapporte à Montaigne que je me borne à citer textuellement : « Je ne puis souffrir longtemps (et les souffrois plus difficilement en jeunesse) ny coche, ny lictière, ny bateau, et hais toute aultre voicture que de cheval, et en la ville et aux champs : mais je puis souffrir la lictière moins qu'un coche ; et par mesme raison, plus ayseement une agitation rude sur l'eau, d'où se produict la peur, que le mouvement qui se sent en temps calme. Par cette legiere secousse que les avirons donnent, desrobant le vaisseau soubs nous, je me sens brouiller, je ne sçais comment, la teste et l'estomach ; comme je ne puis souffrir soubs moy un siege tremblant. Quand la voile ou le cours de l'eau nous emporte égualement, ou qu'on nous toue (*remorque*), cette agitation unie ne me blece aulcunement : c'est un remuement interrompu qui m'offense ; et plus, quand il est languissant... ([1]) » Or, en ce qui le concernait, Montaigne avait pleinement compris l'importance et l'efficacité de l'intervention psychique. En effet, les médecins lui avaient, il est vrai, conseillé certain moyen curatif et préventif, mais je me gardai bien de l'essayer, dit-il, « *ayant accoutumé de luicter les defaults qui sont en moy, et les dompter par moy mesme* ([2]). »

⁎
⁎ ⁎

Après avoir rapporté ces différents faits, essayons de présenter d'une manière systématique l'étiologie du mal de mer et des vertiges analogues ; par là nous pourrons, semble-t-il, à la fois mieux comprendre et mieux légitimer dans tous ses détails la thérapeutique qui convient à ces états morbides.

---

(1) *Essais* de Montaigne, liv. III, chap. vi, édit. J. V. Leclerc ; Garnier, t. II p. 285.
(2) *Ibid*, p. 286.

II

ÉTIOLOGIE

Multiplicité et exclusivisme des explications étiologiques. Susceptibilités individuelles. Diversité des symptômes. Pluralité des
causes.
A. *Origine somatique.* — Théories : 1° céphalo-rachidienne ; 2° abdominale ; 3° sensorielle.
B. *Origine psychique.* — Contagion de l'exemple : représentation
obsédante et exclusive ; « expectant attention ». — Associations
vicieuses devenues permanentes : « post hoc, ergo propter hoc. »
— Croyance et idée fixe consciente ou subconsciente. — Absence
d'éléments réducteurs. — Rôle des rêves : cas personnel ; cas
de Sémanas : interprétation.

Un nombre considérable d'auteurs ont émis la prétention de
déterminer la cause unique, selon eux, qui se rencontrerait
invariablement à l'origine de tout mal de mer. Les uns et les
autres ont présenté les explications les plus diverses : toutes
se ressemblent, en ce que chacune aspire à représenter seule
la vérité et à exclure en bloc toutes les autres comme radica-
lement fausses.

Or, les phénomènes douloureux de la naupathie sont bien
loin d'apparaître comme uniformes et constants ; leur siège et

3

leur intensité varient avec les individus suivant l'âge, le sexe, le tempérament, — et, chez le même individu, suivant la disposition du moment, suivant aussi le lieu, l'état des flots, le type du bateau, etc. Le vertige naupathique, en somme, est, comme on l'a souvent dit, bizarre et capricieux. L'un y succombe toujours dans la Méditerranée et jamais dans l'Océan ; pour un autre, c'est l'inverse qui se passe. Celui-ci brave la mer démontée, mais est malade quand elle est calme ; celui-là reste indemne en pleine mer, mais est pris de vomissements sur les lacs et sur les fleuves ; tel autre qui croyait avoir définitivement conquis l'immunité souffre, comme lors de sa première traversée, s'il voyage sur un autre genre de bateau, etc... Tout cela est bien connu et je n'entre pas davantage dans le détail.

Toutefois, cette variété dans les conditions déterminantes rend bien peu admissible le point de vue suivant lequel le mal de mer se rapporterait nécessairement à un trouble unique, identique dans tous les cas, lequel serait toujours *fons et origo mali*. Au contraire, il est, semble-t-il, à la fois plus rationnel et plus conforme aux faits d'accorder que diverses causes assez nombreuses sont susceptibles d'entrer en jeu, soit séparément (et tantôt l'une, tantôt l'autre), soit simultanément et de concert pour réaliser ce syndrome très complexe qu'est le mal de mer. Celui-ci serait donc plutôt un aboutissant et comme une résultante ; il supposerait tout un faisceau de facteurs étiologiques, variables d'un cas à l'autre ; à ce titre, il rentrerait dans la classe des phénomènes que Durand (de Gros) appelle « polyétiques. »

On en peut dire autant des multiples vertiges de la locomotion. Ici encore, les susceptibilités individuelles sont très variables : telle circonstance, tout à fait inoffensive pour certains, devient pour d'autres le point de départ d'un malaise très pénible. Les exemples ne manquent certes pas. L'une de mes malades supporte facilement le cahot des lourds omnibus, mais succombe au malaise dans les tramways à traction mécanique ; une autre, au contraire, s'accommode des seconds, mais pas du tout des premiers. De même, on se rappelle que Montaigne pouvait « souffrir la lictière moins qu'un coche », etc. Telle personne n'est pas incommodée lorsqu'elle monte à l'impériale ; elle l'est par manque d'air, dit-elle, lorsqu'elle demeure à l'intérieur. Une autre, au contraire, une fois installée à l'impériale, est en quelque sorte fascinée par les arbres et les maisons qui semblent fuir ; elle en éprouve un vertige oculaire qui est le prélude du trouble stomacal. Or, il est à noter que cette dernière personne a précisément pu, il y a quelques mois, faire impunément un voyage en mer. Chez l'une encore le malaise n'apparaît pas si elle a soin de mobiliser toute son attention par une lecture attrayante ; au contraire, si telle autre veut essayer de lire, « les lettres dansent » et le vertige survient. L'une, qui ne peut supporter les omnibus, n'éprouve aucun phénomène douloureux en chemin de fer ; l'autre, au contraire, souffre en chemin de fer et jamais en omnibus. Une autre est malade ou bien portante selon qu'elle occupe la tête, le milieu ou la queue du train, — une autre, suivant qu'elle est assise dos ou face à la locomotive, — une autre encore, suivant qu'elle voyage seule ou en compagnie ([1]). Celle-là peut sans inconvénient faire de très longs parcours en chemin de fer, pourvu qu'ils aient lieu la nuit ; le jour, au contraire, elle éprouve un véritable mal de mer, etc. Donc, ici encore, la diversité même des conditions qui favorisent l'apparition des phénomènes morbides implique, à ce qu'il semble, la multiplicité des causes déterminantes.

Or, ces causes multiples qui, séparément ou quelques-unes à la fois ou toutes ensemble, sont capables d'engendrer sur mer le vertige naupathique, à terre (dans les trains, omnibus, tramways, etc.), un état vertigineux ou nauséeux analogue, peuvent, à mon sens, se ranger en deux classes distinctes ; les unes somatiques, c'est-à-dire physiologiques ou organiques, les autres psychologiques ou, si l'on veut, intellectuelles, émotionnelles, morales.

---

(1) Cas du Dr de Monchy, Société d'Hypnologie et de Psychologie, séance du 21 novembre 1898.

*
* *

A. — Origine somatique.

Le phénomène presque constant, celui auquel la plupart des auteurs accordent une importance capitale, est le *mouvement* sous toutes ses formes. Par exemple, et suivant la nature du véhicule, ce sera le roulis, le tangage, le clapotis, les oscillations lentes ou rapides, régulières ou désordonnées, les secousses, les chocs, les soubresauts, les trépidations, les arrêts inattendus, le passage brusque du repos au mouvement, etc. On s'accorde sur ce point, mais on interprète très différemment l'action que cette cause exerce sur l'organisme.

Trois théories contiennent et résument, selon nous, l'essentiel du débat ; nous les appellerons : céphalo-rachidienne, abdominale, sensorielle.

1° *Théorie céphalo-rachidienne.*

Entre la pie-mère et le feuillet viscéral de l'arachnoïde existe un liquide dit céphalo-rachidien. Celui-ci, par le trou de Magendie et par les trous de Luschka, se répand dans le quatrième ventricule, puis de là, par l'aqueduc de Sylvius, dans le ventricule moyen, et enfin, par les trous de Monro dans les ventricules latéraux. Il y a donc continuité entre les nappes péri-encéphalique, péri-médullaire, intracéphalique et intra-médullaire. « Comme le fœtus baigne dans les eaux de l'amnios », la masse cérébro-spinale plonge dans ce liquide commun qui lui sert, en somme, de véritable ligament suspenseur. Mais, qu'une personne soit exposée à l'un ou à plusieurs des mouvements énumérés plus haut, alors le liquide céphalo-rachidien subit de brusques flux et reflux ; sa répartition devient inégale ; ici il est en trop grande abondance et là raréfié ; son rôle se pervertit ; l'isochronisme de ses oscillations, ondulations ou pulsations se rompt ; bien plus son mode de translation peut être opposé à celui même du sang...; il se passe, comme on l'a dit, « une sorte de tempête dans un verre d'eau », et les conséquences en sont très appréciables.

En effet, d'abord la masse encéphalique (n'étant plus suffisamment protégée par ce liquide qui d'ordinaire amortissait tous les chocs), subit des commotions sourdes ; elle se tasse sur elle-même ou bien est comprimée contre les parois de la boîte cranienne. De plus, les capillaires cérébraux et les vaisseaux du bulbe, comprimés eux aussi, offrent un obstacle à l'accès du sang : il en résulte donc de l'ànémie ou de l'hypohémie cérébrale. En outre, le plancher du quatrième ventricule subit une vive irritation ; le cervelet aussi est tiraillé et communique son ébranlement aux pédoncules cérébelleux moyens ; la moelle elle-même participe à ces troubles.... De là résultent, prétend-on, les symptômes circulatoires et respiratoires, le vertige, les nausées, les vomissements, etc.

Ainsi, toute la série des phénomènes qui concourent à l'entrée en scène du mal de mer ou des vertiges de la locomotion aurait un point de départ uniquement cérébro-spinal ([1]).

2° *Théorie abdominale.*

Selon certains auteurs, au contraire, c'est de l'abdomen que partent tous ces réflexes. En effet, dit-on, les viscères sont heurtés, secoués, tiraillés, comprimés, frottés les uns contre les autres, malmenés enfin de diverses manières ; souvent même il existe des alternatives de chute viscérale et de choc épigastrique ; en outre, ces phénomènes paraissent devoir atteindre une portée toute particulière lorsqu'il y a ptose commençante de quelque organe, ou relâchement de quelque ligament suspenseur, ou quelque affection utérine. Or, les

---

(1) Mestivier: « De la nature et de certaines conséquences physiologiques et morales du mal de mer », l'*Union médicale de la Gironde*, 1860, n° 35, p. 541-551. — Autric (Marius): « Théorie physiologique du mal de mer. » Thèse de Montpellier, 29 fév. 1868. — Sirot (Octave) : « Une idée sur le mal de mer. » Dijon, Durantière, 1883. — Sirus-Pirondi : « Notes sur la naupathie et son traitement. » Marseille, Barlatier et Barthelet 1889.

nerfs de ces diverses régions sont à la fois très nombreux et
très importants ; au centre même des collisions perturbatrices,
se trouvent les ramifications des phréniques, des pneumo-
gastriques et des splanchniques, les ganglions semi-lunaires,
les nerfs mésentériques, etc. Il n'en faut pas tant pour que le
diaphragme se contracte et comprime l'estomac de manière à
provoquer le vomissement. Or, à cette action locale directe,
déjà très intense, s'en ajoute une autre à distance. Ces divers
ébranlements abdominaux ont une répercussion violente sur le
cerveau et les ligaments de la moelle : il se produit alors un
afflux anormal de sang, un état congestif, une turgescence,
une hyperhémie, cette fois, de toute la masse encéphalo-rachi-
dienne ; cette hyperhémie affecte même plus particulièrement
les régions en connexion étroite avec l'estomac et les muscles
qui concourent au vomissement ainsi qu'aux états spasmo-
diques ou convulsifs.

Ce sont donc, d'après cette théorie, les nerfs sensibles des
viscères abdominaux qu'il convient d'incriminer (¹).

3° *Théorie sensorielle.*

Pour d'autres encore, les phénomènes morbides viennent
des sensations spéciales ou générales, périphériques ou
internes, devenues anormales, exagérées, douloureuses. Ce
sont tout d'abord les sensations dites cœnesthésiques ; il
semble bien, en effet, que les déplacements du liquide céphalo-
rachidien, les chocs cérébraux ou viscéraux, en outre des
effets mécaniques énumérés ci-dessus, doivent provoquer
des sensations peu nettes, sourdes et imprécises, mais appréciables au moins dans leur ensemble (²). Il faut signaler aussi
certaines sensations musculaires : tantôt, en effet, on est

---

(1) V. de Rochas : Dictionnaire encyclopédique des Sciences médicales, 2ᵉ série,
t. IV, p. 217. — Kéraudren, Dic. des Sc. méd. Art. mal de mer. — Chapman (John) :
Fonctional Diseases of the Stomach, part. I, Sea-Sickness ; its Nature and
Treatment, London, 1864.
(2) Telles, *mutatis mutandis*, bien entendu, les « petites perceptions » de Leibnitz.

désagréablement surpris de sentir une sorte de vide sous ses pieds, le plancher paraît se dérober et l'on est dans un état d'équilibre instable que les muscles mal éduqués s'essaient maladroitement à corriger. Les sensations tactiles entrent aussi très souvent en jeu : ainsi, les nerfs sensitifs des téguments peuvent être anormalement excités, surtout à la région plantaire, quand par exemple on se tient debout sur le pont d'un navire ; il en est de même à la région fessière quand on est assis dans un tramway qui trépide. L'organe de l'olfaction paraît de même jouer un rôle important : c'est ainsi que l'on peut considérer comme causes, sinon déterminantes, au moins adjuvantes, les odeurs qui émanent de la cale, de la machine, du goudron, des cordages (sur mer), ou bien l'odeur du tabac, de l'iodoforme, des parfums, etc, (dans les omnibus ou dans les trains.) Quant aux troubles de la perception visuelle, on a voulu les considérer comme unique et inévitable cause de ces états morbides ; toujours, a-t-on dit, il y a d'abord vertige oculaire, et de celui-ci dérivent tous les autres symptômes [1]. Sans doute il faut compter avec la lenteur de l'accommodation de l'œil et la persistance des impressions lumineuses ; les objets qui se succèdent rapidement dans le champ visuel ne peuvent pas tous impressionner nettement la rétine ; il en résulte, pour certains individus, une instabilité apparente et une incertitude dans les images visuelles. C'est là une cause très réelle de vertige oculaire et, certaines fois aussi, par répercussion, de vertige stomacal ; mais il est faux de soutenir que le premier soit inévitablement la cause du second, car il est prouvé que, dans de nombreux cas, le vertige oculaire non seulement ne précède pas le vertige stomacal mais même n'apparaît pas, ou tout au moins, ne lui est que consécutif ; et puis, les aveugles ne sont pas exempts du mal de mer. Il est vrai que, pour d'autres, le point de départ de ces états vertigineux réside dans les canaux semi-circulaires et les nerfs ampullaires, autrement dit dans ce qu'on appelle le sens de l'espace ou de l'équilibra-

----

(1) Himely (W. G.): « Du vertige oculaire et du mal de mer. » Thèse de Paris, 1893, n° 75.

tion ([1]). Il est, toutefois, bien difficile de trouver dans ce minuscule organe la raison suffisante d'une association de symptômes si complexes. Il semble que, pour l'ouïe également, ce qui surtout a une importance, c'est encore l'excitation sensorielle anormale, laquelle peut, à elle seule, devenir la cause d'un pseudo-mal de mer, à terre, même en dehors de toute locomotion. Témoin le cas rapporté par Pioch ([2]). Un homme bien portant entre dans une fabrique et se trouve bientôt pris de vomissements continuels qui cessent dès qu'il rentre chez lui et reprennent lorsqu'il revient travailler dans la dite fabrique. Or, dans celle-ci, marchent simultanément une centaine de métiers qui font un bruit assourdissant et produisent des impressions auditives très pénibles.

Ainsi cette troisième théorie invoque pour les divers modes de la sensibilité des séries d'excitations pénibles et inaccoutumées. De cette aberration sensorielle résulteraient toutes les manifestations vertigineuses.

En somme, ces trois explications présentent l'une et l'autre un certain degré de probabilité. Chacune, en ce qui la concerne, s'appuie sur des faits bien observés ou sur des arguments tout à fait plausibles ; il serait donc injuste de sacrifier l'une à l'autre, d'autant plus que, loin de s'exclure, elles peuvent coexister et se concilier. En définitive, il est très admissible que tantôt l'une et tantôt l'autre soit vraie suivant les cas ; et même le plus souvent, semble-t-il, ces trois ordres de causes concourent pour une plus ou moins grande part à la production des phénomènes douloureux dont il s'agit ici. Nos séparations sont factices, nos cadres trop étroits ; la nature est complexe et répugne à cette simplification à outrance que nous prétendons lui imposer.

Or, ce n'est pas tout. Il existe toute une série de causes psychiques capables, elles aussi, d'engendrer ou d'amplifier le mal de mer et les vertiges de la locomotion ; elles ont été, le plus souvent, omises par les auteurs : nous allons tâcher de les mettre en lumière.

(1) Moussoir (F. A.) : « Le mal de mer et le sens de l'espace. » Thèse de Paris, 1889, n° 135.
(2) Pioch : « Pseudo-mal de mer. » *Lyon médical*, 8 mai 1870, p. 34.

*
* *

B — ORIGINE PSYCHIQUE.

Pour ce qui est du mal de mer, on ne saurait nier que — non pas, certes, toujours, mais au moins parfois, — la contagion de l'exemple n'exerce une certaine influence sur l'apparition des phénomènes morbides.

On assiste au malaise d'autrui, on en détaille toutes les phases, on est impressionné par la douleur, les plaintes, les contorsions, l'affaissement et même l'annihilation de l'énergie morale ; on ne peut guère ne pas voir tout cela : un tel spectacle attire et retient l'attention.

Alors, que se passe-t-il ?

Tel passager en prend très vite son parti. Il se dit qu'après tout, bien peu de personnes sont exemptes de ce mal, et il ne voit pas pour quelle raison il y échapperait lui-même ; il trouve donc naturel de payer, lui aussi, son tribut ; il s'y résigne, se laisse aller, ne réagit pas ; par cet abandon de soi-même, par cette lâche complicité, il s'offre à la naupathie comme une victime obéissante, avec la quiétude du fataliste que console le « C'était écrit ! »

Tel autre, au contraire, craint très vivement de succomber au mal de mer. Il se dit : « Oh ! que je serais grotesque si je faisais de semblables contorsions !... Que je serais malheureux si j'éprouvais de pareilles souffrances !... Oh ! si j'allais moi aussi être malade !... Pourvu que je ne le devienne pas !... » Sans réagir plus que le précédent, il attend avec anxiété, s'interroge, s'analyse pour voir si déjà il ne présente pas les prodromes du mal... et, lui aussi, s'en trouve atteint.

Or, que l'on redoute vivement le mal de mer, ou qu'on l'attende avec résignation, dans les deux cas l'esprit est obsédé par une même représentation intense et exclusive ; le sujet se trouve dans l'état d' « expectant attention » ; il ne fait aucun effort d'inhibition ; aucune image réductrice ne vient se mettre à la traverse : dès lors, les symptômes douloureux apparaissent

par cela seul qu'ils sont fortement imaginés et pas du tout com-
battus. Cette loi psychologique est maintenant très connue ;
elle explique bien des manifestations morbides ; elle est, en
outre, la clef de nombreux succès psychothérapiques.

C'est à une cause psychique du même ordre qu'il convient
d'attribuer la réapparition régulière de certains vertiges de la
locomotion.

Telle personne a été obligée, je suppose, de courir pour
arriver à la gare avant le départ du train, ou bien elle est montée
en omnibus aussitôt après un repas, ou bien encore, une fois
assise, elle a été incommodée par le manque d'air, la chaleur,
la fumée de tabac, une odeur quelconque, etc. ; pour l'une de
ces multiples raisons, elle sent qu'elle n'est pas « dans son
assiette », elle ne se trouve pas bien, dit-elle ; de plus, les secousses ou les trépidations la surexcitent, l'énervent, l'affectent
douloureusement... et elle ne tarde pas à éprouver un certain
malaise avec céphalée, vertige, pesanteur à l'épigastre, nausées,
vomissements, etc. Cette personne ne songe pas à incriminer
la fatigue, l'essoufflement, la digestion laborieuse, l'irritation
olfactive, etc. En vertu du sempiternel sophisme *post hoc, ergo
propter hoc*, elle attribue son malaise uniquement au véhicule
dans lequel elle se trouve à ce moment-là ; elle associe dans son
esprit la représentation de tel mode de locomotion et la représentation des troubles qu'elle vient d'éprouver ; dès lors en
dehors de tout contrôle et de toute critique, sans qu'inter-
vienne aucune image réductrice, va se constituer un couple
stable, permanent et, pour ainsi dire, indissoluble : lorsque le
premier de ces deux éléments réapparaîtra, les troubles que
l'imagination y a joints apparaîtront eux aussi de nouveau
presque infailliblement.

Ainsi, des circonstances qui, à l'origine, ont pu être indiffé-
rentes ou jouer uniquement le rôle de causes occasionnelles,
sont prises pour de véritables causes déterminantes ; elles font
partie intégrante d'un couple que le temps ne fera que conso-
lider. Ce couple, en effet, ne risque guère d'être dissocié et tout

tend à l'affermir ; car la personne dont nous nous occupons ignore le doute bienfaisant : elle n'imagine pas que ce malaise puisse ne pas se produire et, quand même elle concevrait cette possibilité, elle serait le plus souvent incapable de déployer un effort suffisamment énergique pour s'affranchir d'une telle tyrannie. D'ailleurs, de semblables personnes se complaisent dans leur petite infirmité ; il ne leur déplaît pas d'être autrement que les autres ; elles « couvent » leur mal et l'entretiennent avec un soin jaloux.

Dans certains cas encore, ce qu'il faut manifestement incriminer, c'est une foi, une croyance, une attente résignée ou craintive dont il n'est pas toujours aisé de retrouver l'origine.

Par exemple, dans certaines provinces, beaucoup de personnes, des femmes surtout, sont *persuadées* qu'en chemin de fer elles seront incommodées si elles ont le malheur de s'asseoir le dos tourné vers la locomotive ; par contre, elles sont bien certaines qu'elles n'éprouveront aucun malaise s'il leur est possible de se placer dans le sens même de la direction du train. Or, telle brave campagnarde, fortement imbue de ce préjugé, très peu dégourdie et incapable de discerner elle-même de quel côté se trouve la machine, se renseigne à ce sujet une fois qu'elle est montée en wagon. Qu'un voyageur malicieux lui donne une indication erronée, la bonne dame s'installera de confiance, dos à la machine, et ne sera pas du tout incommodée. Pourquoi le serait-elle, en effet, puisqu'elle *croit* fermement que sa position est la bonne ? Mais, qu'au cours du voyage on ait la cruauté de lui dévoiler la supercherie, la pauvre désabusée demeure interdite ; elle se demande comment elle a bien pu ne pas être malade,... mais elle ne perd rien pour attendre ; les symptômes qu'elle considère comme inévitables ne tardent pas à faire leur apparition. Voilà du moins un fait très vraisemblable en lui-même et dont un témoin tout à fait digne de créance m'affirme l'authenticité.

Donc, l'existence d'une idée fixe a paralysé tout effort de défense et même neutralisé toute velléité de résistance. La seule idée, fortement représentée, en possession de tout le champ de la conscience et, par conséquent, exclusive de toute autre, peut ainsi devenir le point de départ du malaise ; suivant le vieil adage du Moyen-Age ; *fortis imaginatio generat casum* (¹). Bien plus, il suffit du simple récit détaillé des phénomènes morbides pour que certaine personne dont la suggestibilité est anormale les éprouve en réalité ; l'imagination, en effet, les a d'abord fortement conçus comme possibles et ceux-ci, faute d'éléments réducteurs, ont « passé à l'acte ». Dans ce cas, au moins, on peut véritablement dire : *a possibili ad actum valet consequentia.*

On a vu que ces idées fixes auxquelles on accorde une confiance irraisonnée et sans bornes ont souvent une origine susceptible d'être nettement déterminée, mais que parfois aussi l'on recherche en vain leur point de départ. Il y a plus. Parfois le sujet ignore leur présence ; il ne sait pas qu'elles existent en lui à l'état, sinon inconscient, du moins subconscient. C'est que l'association dont il a été parlé plus haut n'affectait d'abord que la sphère représentative ; elle était toute intellectuelle ; mais la répétition fréquente a créé « une seconde nature », l'habitude est devenue physiologique ; il s'agit maintenant, non plus d'un danger redouté, mais d'une sorte de besoin somatique, instinctif et aveugle, qui, bien que venu des profondeurs de la subconscience, ne s'en impose pas moins en despote (²). On peut présumer par là des difficultés que parfois pourra pré-

---

(1) « Une imagination forte produit l'événement lui-même. » Cf. Montaigne, *op. cit.*, liv. I, chap. xx, T. I, p. 66.

(2) Il convient de citer ici ce cas que j'emprunte à une publication de M. le Dr Bérillon (*Les phobies neurasthéniques envisagées au point de vue du service militaire et des aptitudes professionnelles*, Société de Médecine publique et d'Hygiène professionnelle, *Revue d'Hygiène*, tome XV, n° 11 ; Brochure, Paris, Masson, 1893, p. 10). — Il s'agit d'un commerçant qui, chaque fois qu'il faisait un voyage, mettait en œuvre toutes les ressources de son esprit très ingénieux, afin de rester seul en possession d'un compartiment de première classe. Un jour, comme à la gare de départ il n'avait trouvé aucun compartiment vide, notre homme profita du moment où le train se mettait en marche, sauta dans le wagon des bagages et y fit un long trajet, après s'être assuré, à grand prix, la complicité du conducteur. C'est que jadis il avait été incommodé par une diarrhée chronique qui l'obligeait à aller à la garde-robe dix à quinze fois par jour ; et, dès que d'autres voyageurs montaient dans son compartiment, il pensait à l'embarras qu'il éprouverait si un

senter le traitement, car, avant de s'attaquer à cette idée fixe, il faudra qu'on l'ait recherchée et qu'on soit parvenu à la dépister.

Les rêves eux-mêmes contribuent à rendre plus tenaces le couple représentatif et l'habitude physiologique qui lui est consécutive. Ainsi l'on se rappelle qu'une de mes malades éprouvait un malaise très violent toutes les fois qu'elle était obligée d'aller en tramway : régulièrement, la nuit suivante, elle revivait en songe cette scène pénible et en souffrait à nouveau ; cela ne faisait, semble-t-il, qu'accroître encore l'appréhension anxieuse avec laquelle, la fois suivante, elle pénétrait dans le véhicule.

Or, il y a mieux. Dans un cas, au moins, le rêve a suffi pour réaliser à lui seul et de toutes pièces un violent mal de mer

besoin intempestif venait à le surprendre : dès lors il devenait angoissé et souffrait terriblement. Même guéri de sa diarrhée, il est resté esclave de son obsession : l'habitude, que rien n'a combattue, est devenue stable, permanente, vivace alors même que les conditions qui l'avaient fait naître ont totalement disparu. Le dit commerçant ne peut pas plus qu'autrefois voyager en compagnie.

De ce fait, je rapprocherai les cas dont M. le Dr de Monchy nous a parlé à la Société d'Hypnologie et de Psychologie, le 21 novembre 1898. Il distingue très judicieusement les vertiges de la locomotion en vertiges *solitaires* et vertiges *de compagnonnage*, suivant que l'individu les éprouve quand il est seul ou quand il voyage en compagnie. Toutefois, j'hésite à voir là deux états morbides différents : la symptomatologie est la même ; seules diffèrent les conditions étiologiques qui provoquent l'apparition du malaise. Et ces causes me paraissent devoir être principalement sinon uniquement psychiques.

En tous cas, il serait à la fois intéressant et utile de rechercher systématiquement si ces phénomènes douloureux, en rapport avec la locomotion, n'ont pas pour point de départ une phobie, une obsession, une idée fixe, etc.

Par exemple, une dame dont je suis le médecin depuis quelques mois seulement ne pouvait, il y a plusieurs années, monter dans aucune espèce de voiture. Sa fille parfois l'entraînait à aller faire une promenade dans leur coupé ; mais, au bout d'un temps très court, cette dame était effrayée, angoissée.... Elle suppliait sa fille de faire arrêter le cocher et si cette jeune demoiselle hésitait ou tardait à le faire, la mère, furieuse, s'écriait impérieusement : « Fais arrêter, te dis-je, ou je passe par le carreau de la portière.... Il m'est impossible de rester ici plus longtemps ; je veux marcher à pied ! » Cette dame était tout simplement obsédée par cette idée que peut-être les roues n'étaient pas solides, qu'elles allaient se « décrocher », causer un accident, un malheur !.... Je cite cet exemple pour montrer que la répétition de ces voyages ne crée aucune accoutumance ; au contraire, elle renforce l'idée fixe. C'est de celle-ci que tout dépend et c'est à elle qu'il faut s'attaquer.

chez un homme qui dormait paisiblement dans son lit. En voici l'observation résumée et réduite à ses points essentiels.

Il s'agit d'un négociant de Lyon qui fait un voyage à Marseille.

Notons, dès maintenant, que cet homme, à l'âge de 15 ans, avait fait sur un vapeur la traversée de Bastia à Toulon, et qu'il avait éprouvé un mal de mer des plus intenses. Pour se remettre de ses fatigues, il avait séjourné à l'hôtel deux nuits consécutives et était rentré au Collège avec 48 heures de retard. Pendant ces deux nuits passées à l'hôtel, entre 10 heures du soir et 2 heures du matin, il avait été pris de vertige extraordinairement douloureux avec vomissements, syncope, sueurs profuses, etc. Il avait souffert exactement comme s'il s'était trouvé sur le bateau. Était-ce un reliquat des symptômes que certaines personnes ressentent encore à terre pendant les quelques jours qui suivent un violent mal de mer ? Était-ce plutôt l'œuvre d'un rêve ? N'insistons pas sur ce point, et revenons à notre négociant qui se trouve à Marseille un certain nombre d'années après.

Le 24 septembre, il fait une visite de plusieurs heures à bord du *Télémaque*, et le soir il dîne au Prado à 4 heures, puis se promène pendant trois heures sur le bord de la mer, « par une brise fortement imprégnée d'odeur marine ». Or, la nuit du 24 au 25, vers 10 heures, il se réveille en proie à un malaise indéfinissable avec vertige, vomissements, sueurs froides, fatigue, anéantissement, etc. Deux heures après, tout se termine par une selle diarrhéique, et le malade se rendort profondément.

Le 25, il déjeune de fort bon appétit, s'abstient d'aller sur le bord de la mer et fait une excursion dans la campagne ; le soir, il dort d'un « sommeil parfait et ininterrompu. »

Le 26, il se promène de nouveau plusieurs heures près de la mer et prend son repas à la Réserve : dans la nuit du 26 au 27, il se réveille vers minuit et souffre de la même indisposition que l'avant-veille ; au bout de quatre heures, il se rendort profondément.

Le 27, il se trouve en bonne santé et a fort bon appétit.

Le 28, il visite le port de Marseille ; pour la troisième fois, il séjourne pendant plusieurs heures sur le bord de la mer ; et, la nuit suivante, il éprouve, pour la troisième fois aussi, les mêmes symptômes douloureux.

Ce n'est pas tout : dans la soirée du 30, alors qu'il retournait à Lyon, il éprouva en chemin de fer, entre Marseille et Avignon, cette même indisposition, dont il venait de souffrir déjà trois fois dans son lit.

Pour Sémanas, à qui j'emprunte cette observation (1), le mal de mer est une intoxication analogue aux grandes intoxications épidémiques comme le choléra, la peste, la fièvre jaune, etc. De même, dit-il, que le « miasme palustre » engendre la fièvre des marais et le « miasme urbain » la fièvre typhoïde, de même le « *miasme marin* » fait naître cette affection endémo-épidémique qu'on appelle le mal de mer. Dès lors, continue Sémanas, il est naturel que ce négociant ait souffert toutes les nuits qui ont suivi ses promenades sur le bord de la mer ; le 25 et le 27, il ne s'est pas approché du rivage, aussi son sommeil a-t-il été tout à fait normal. Si l'on objecte que dans le train cet homme a éprouvé un malaise analogue, notre auteur répondra que le dit voyageur était, alors, encore infecté par le « miasme marin. »

A près de cinquante ans de distance, cette théorie paraît étrange. A vrai dire, elle n'a jamais joui d'une bien grande faveur et elle est tombée aujourd'hui dans un oubli bien justifié. En effet, plus on s'expose au « miasme palustre », plus la fièvre s'accroît ; au contraire, plus on s'expose au prétendu « miasme marin », moins on est vulnérable ; c'est même en voyageant sur mer que souvent on acquiert l'immunité.

Mais, si l'explication de Sémanas est inadmissible, le fait rapporté reste entier. Voici quelle est, selon moi, je ne dis pas la meilleure, mais la seule manière d'en rendre compte.

Durant la journée du 24, notre négociant a eu l'esprit complètement obsédé par les choses de la mer. Pendant qu'il visitait le *Télémaque*, le clapotis, le balancement, l'oscillation du navire ont affecté d'une certaine manière sa sensibilité générale ainsi que ses sensibilités tactile et musculaire ; peut-être

(1) Cas de vertige marin terrestre, *Gazette médicale de Paris*, 1850, p. 760. — Voyez aussi, même journal, même année, p. 739, et 1851, p. 84.

même tout cela a-t-il évoqué en lui le souvenir de ce mal de mer si violent qui lui était survenu à l'âge de quinze ans, dans ces mêmes parages. En outre, tout le jour sa rétine ne connut guère que des images visuelles se rapportant à la mer. L'olfaction elle-même avait été impressionnée d'une manière très intense par « l'odeur marine ». Et puis, dans la journée, notre homme s'était appliqué à lire un travail que Sémanas venait de publier sur le mal de mer. C'est donc, pour ainsi dire, pénétré et imbu d'un tel amas de sensations et de souvenirs qu'il s'est endormi. Doit-on s'étonner que des représentations de cet ordre aient continué pendant son sommeil à obséder sa conscience et qu'elles s'y soient déroulées en foule ? Notre homme endormi se trouvait sans défense, il était le jouet de toutes les images qui s'enchevêtraient dans son esprit; il ne pouvait ni s'en affranchir, ni les diriger : faute de représentation hostile, réductrice, inhibitoire, le rêve est devenu une réalité ; et il n'y a en cela rien qui doive surprendre, car, ici comme précédemment, *fortis imaginatio generat casum.* D'ailleurs, l'auteur lui-même confesse que les symptômes éprouvés pendant la nuit par ce négociant sont exactement ceux dont ce dernier a lu la description dans le travail de Sémanas. Quant aux malaises des nuits suivantes, y compris celui qui survint en chemin de fer, ils sont susceptibles de la même interprétation.

La recherche des rêves pathogènes, trop souvent négligée, il est vrai, permet donc parfois de jeter une pleine lumière sur l'étiologie de certaines manifestations morbides. Il faudra, à l'avenir, s'en préoccuper, en ce qui concerne le mal de mer et plus particulièrement encore les vertiges de la locomotion.

* *

J'en ai dit assez pour ce qui concerne l'étiologie. Appliquons-nous maintenant à déterminer et à justifier l'intervention thérapeutique qui paraît devoir être préconisée. Or, qu'il s'agisse de cause somatique, ou de cause psychique, ou des deux à la fois, je n'hésite pas à dire que le traitement du mal de mer et des vertiges de la locomotion non seulement peut, mais encore doit être, sinon uniquement, au moins principalement psychologique.

III

TRAITEMENT

Une influence psychique est capable : 1° de juguler ces états morbides déjà constitués (Littrow, Pampoukis, Montaigne) ; 2° de les
prévenir (Coromilas, Farez) ; 3° de les faire apparaître (Cf. *supra*,
chap. II). Conséquence pratique.

Les médicaments préconisés contre la naupathie : éclatants succès
et piteux échecs des prétendus spécifiques ; contradiction apparente expliquée par une cause psychologique : l'auto- et l'hétéro-suggestion sous leurs diverses formes.

Mode d'action de ces interventions suggestives : 1° Impressionnabilité ; 2° Aptitude réactionnelle ; 3° Inhibition.

Traitement systématique : 1° Etiologie psychique ; 2° Etiologie somatique ; 3° Cure complémentaire.

Importance thérapeutique de ces états. Symptômes morbides
analogues. Conclusion.

Que la psychothérapie soit ici le traitement de choix, voilà
qui ne va pas manquer de scandaliser les uns et de faire
sourire les autres. Peut-être, cependant, consentira-t-on à
reconnaître qu'en cas de cause psychique, la suggestion peut
trouver sa place, conformément au *similia similibus curantur*.
Mais, dira-t-on, en quoi la suggestion pourrait-elle agir, par
exemple, sur les mouvements du liquide céphalo-rachidien, sur
l'anémie ou l'hyperhémie cérébrale, sur les chocs des viscères

abdominaux, sur le tiraillement des nerfs mésentériques, sur les sensations musculaires ou autres, etc. Toutefois, que l'on veuille bien prêter quelque attention aux faits et aux témoignages qui vont suivre.

S'appuyant sur de nombreuses observations, Littrow, d'une part ('), et Pampoukis, de l'autre (²), concluent que, lorsqu'il y a danger imminent d'incendie, d'échouement, de voie d'eau, toutes les personnes atteintes du mal de mer sont guéries d'un seul coup et deviennent capables de participer aux opérations du sauvetage. Cela est, en outre, attesté par de nombreux navigateurs et médecins de la marine.

Voici un fait précis. Pendant une traversée de Marseille à Gênes, une violente tempête survient : le vertige marin est à son apogée ; les malheureux passagers sont atteints de vomissements incoercibles ; leurs forces sont épuisées. Or, quelques-unes des grandes touries d'acide nitrique qu'on apportait à Naples viennent à se casser. Ne sachant de quoi il s'agit, les voyageurs se mettent à crier : au feu ! au feu ! L'effroi est général..., mais les vomissements cessent comme par enchantement et chacun reprend courage.

Citons encore un autre cas. Un matelot novice est embarqué sur un bateau et il lui prend un violent mal de mer. Mais une tempête s'élève, les voiles sont hors de service, le naufrage est proche. L'imminence du danger impressionne tellement notre matelot que ses vomissements cessent et qu'il peut venir en aide à ses camarades (³).

De pareils faits sont bien connus. Montaigne lui-même écrit ceci : « Un mien cognoissant m'a tesmoigne de soy, qu'y

<hr/>

(1) Littrow, cité p. 38 dans : *Die Seekrankheit* von Prof. Dr. O. Rosenbach, Wien, A. Hölder, 1896. (Specielle Pathologie und Therapie, herausgegeben von Hermann Nothnagel, XII, III, 2.)

(2) Pampoukis : « Etude pathogénique et expérimentale sur le vertige marin, *Arch. de Neur.* Paris, Vol. XV, 393-420,-Vol. XVI, 1-23, 218-223 » ; — *France médicale*, Paris, 1888, 1254-56.

(3) Ce fait et le précédent sont empruntés au travail de Pampoukis, *Arch. de Neur.* XVI, 218, 219.

estant fort subject, l'envie de vomir luy estoit passée, deux ou trois fois, se trouvant pressé de frayeur en grande tormente (¹). »

A un point de vue un peu différent, notons encore ceci : En janvier 1878, lors de la guerre gréco-turque, 800 soldats du régiment des Messéniens sont embarqués à Patras pour Missolonghi par un très mauvais temps. La plupart vont pour la première fois en mer ; mais, pendant la traversée, on leur fait chanter en chœur des chansons patriotiques ; on leur raconte des histoires de bataille ; on célèbre les exploits de leurs pères dans les précédentes luttes contre les Turcs... Aucun soldat, absolument aucun, n'éprouve le mal de mer, tandis que tous les passagers non militaires en souffrent terriblement (²).

Voici en outre un exemple très démonstratif, quoique moins frappant. Une dame est venue se confier à mes soins, et nous décidons qu'elle se rendra chez moi le surlendemain à 9 h. 1/2 du matin. Or, son domicile est très éloigné du mien, elle est paresseuse à se lever et, au jour dit, désespérant d'arriver à l'heure convenue si elle fait le trajet à pied, elle se décide à prendre l'omnibus, ce qu'elle évite d'ordinaire par crainte de vertige nauséeux. Pendant tout le trajet, elle regarde sa montre avec impatience ; elle trépigne lorsqu'aux stations on s'arrête trop longtemps à son gré ; elle est obsédée par la crainte de se trouver en retard et de me mécontenter. Tout entière à ces pensées, elle ne s'aperçut pas des trépidations et des heurts qui ne manquaient jamais de la rendre malade : une préoccupation fortuite et momentanée avait suffi à l'immuniser, au moins pour ce jour-là, contre un malaise qu'elle se croyait incapable d'éviter.

Des faits exposés ci-dessus et de ceux qui ont été rapportés précédemment (³), il résulte que, dans certains cas, une

---

(1) Montaigne, *Ess.* III, 6, Edit. J. V. Leclerc, Paris, Garnier, p. 285.
(2) G. Coromilas, cité par Pampoukis, *Arch. de Neur.* XVI, 220.
(3) Cf. *Revue de l'Hypnotisme*, décembre 1898, p. 169 et sq. Chap. II, B Origine psychique.

influence psychique (émotion, crainte, enthousiasme, distrac-
tion, préoccupation, rêve, etc.), a pu à elle seule :

1° Faire apparaître les malaises dont il s'agit ici ;

2° Les juguler lorsqu'ils étaient déjà constitués ;

3° En prévenir même l'éclosion.

L'action des facteurs psychologiques est donc indéniable. Et
cependant, pour aucun de ces cas, il n'a été exercé d'action
directe ni sur le déplacement du liquide céphalo-rachidien, ni
sur celui des viscères abdominaux ! L'objection préjudicielle
qu'on nous opposait ne nous est donc pas une barrière infran-
chissable. Or si, très souvent, une influence morale a pu
entraver un processus physiologique, mais d'une manière
accidentelle et indirecte, n'a-t-on pas le droit de s'appliquer à
obtenir un pareil effet, mais cette fois délibérément ? Est-il
irrationnel d'ériger en méthode systématique la recherche et
la mise en œuvre de cet élément psychologique capable
d'apporter la guérison immédiate ou de conférer l'immunité
future ?

D'ailleurs, dans ce que je propose ici, la formulation seule
doit, semble-t-il, paraître nouvelle. Il ne s'agit, en somme, que
de réaliser ouvertement et sciemment ce qui, un grand nombre
de fois, s'est fait d'une manière inconsciente et sans que l'on
s'en rendît véritablement compte. En effet, voyons comment
agissent les médicaments qui ont parfois réussi à supprimer
ou à prévenir le mal de mer.

*
* *

Il y a longtemps que l'ingéniosité des chimistes s'acharne à
la découverte de ce *rara avis* qui serait capable de lutter victo-
rieusement contre la naupathie. Les médicaments les plus
divers ont été successivement ou simultanément prônés comme
des spécifiques infaillibles. Les uns et les autres ont, dès leur
apparition, donné des succès éclatants, à ce que l'on a prétendu ;

mais les expériences de contrôle n'ont le plus souvent abouti qu'à de piteux échecs ([1]). Si bien que les médecins sont devenus sceptiques et indifférents à cet endroit ([2]). Ils ordonnent bien encore contre le mal de mer les drogues traditionnelles, mais par routine et sans aucune conviction ; ils seraient sans doute les premiers à s'étonner si quelqu'une se montrait véritablement efficace. Faut-il donc abdiquer et se reconnaître tout à fait impuissant ?

On a publié, disions-nous, des relations de succès notoires attribués à l'ingestion de certaines substances médicamenteuses. Est-ce donc que les médecins, les chimistes, les industriels, pour mieux « écouler » leurs produits, ont rapporté des observations mensongères et abusé de notre crédulité ? Point du tout. Ils croyaient fermement à la puissance immunisante de leur spécialité, et cette croyance leur était une auto-suggestion suffisante pour leur conférer à eux-mêmes l'immunité. En outre, ils avaient le talent de communiquer leur propre croyance à autrui, soit par la parole, soit par le prospectus ([3]). Et alors, persuadé que, grâce à ce médicament, il résisterait au mal de mer, le passager ne pouvait manquer de rester indemne : l'auto ou l'hétéro-suggestion, voilà donc tout le secret !

D'autre part, s'agit-il d'instituer des expériences pour contrôler l'efficacité de ce même médicament ? Le médecin,

(1) Par exemple, le Dr Ossian Bonnet a fait un voyage spécial entre le Hâvre et Buenos-Ayres pour expérimenter les effets de l'antipyrine. Les résultats furent incertains. Quand il y avait quelque soulagement, celui-ci n'était que faible et de courte durée. De même, Rousselot a essayé 42 fois l'antipyrine sans arriver à « aucun résultat positif vraiment notable. »

(2) Voici l'opinion d'un médecin qui a navigué pendant douze ans sur plus de trente navires différents : « Tout a été essayé en pure perte, tout a échoué. On n'est pas encore en possession d'un agent apte à combattre la naupathie. Le but souvent visé n'a pas encore été atteint. » Dr Ossian-Bonnet, *Académie de Médecine*. Séances des 10 janvier et 4 septembre 1888.

(3) « Il est prouvé que certains remèdes présentés comme spécifiques n'ont dû leur succès apparent ou bien limité qu'à la confiance illimitée, aveugle, inspirée par leur prospectus. » Professeur Sirus-Pirondi : *Notes sur la naupathie et son traitement*. Marseille, Barlattier et Barthelet, 1889.

comme de juste, se défend de toute opinion préconçue ; il ne désire ni ne redoute un effet favorable ou défavorable ; devant le passager, il est comme le savant devant sa cornue : simple spectateur impartial et désintéressé, il se borne à attendre, impassible, les réactions qui vont se produire..., et l'épreuve aboutit à un insuccès ! Quoi d'étonnant, puisque ce médecin n'a pas communiqué au malade une confiance qu'il n'avait pas ou que, du moins, il s'appliquait à ne point faire paraître ? Ainsi, l'échec et le succès d'un même médicament peuvent s'expliquer par une cause uniquement psychologique.

Ce qui réussit, ce n'est donc pas la vertu propre du médicament, c'est la vertu qu'on lui accorde. Aucun remède n'est, semble-t-il, capable par lui seul de prévenir ou d'arrêter, une fois produits, ces états vertigineux ou nauséeux. Mais, par contre, toutes les drogues, à peu près indistinctement, sont susceptibles de produire l'effet désiré si elles sont associées à une suggestion intense et si, d'une manière générale, on a foi en leur efficacité. Le médicament, dans les cas qui nous occupent, est secondaire ; l'important, c'est l'état d'esprit de celui qui y a recours. Or, ce qui suffit, ce même dont on ne peut se passer, c'est l'adhésion formelle que le malade accorde spontanément ou la persuasion qu'un médecin habile sait faire partager à ce dernier. Cela est tellement vrai que des potions simplement dulcifiées ou aromatisées, des pommades psychiques, des pilules d'*arcanum* (¹) sont capables des plus merveilleux effets. Une amulette, une formule magique, dit Rosenbach (²) seraient tout aussi efficaces. C'est ainsi que chez une de mes malades j'ai pu faire intervenir la fiction d'un « point hypnogène. » On ne s'étonnera plus dès lors que telles recettes bizarres, ridicules même, au moins en apparence, soient de véritables spécifiques chez ceux qui y croient, comme, par exemple, les sachets de safran sur l'épigastre. Témoin cette autre recette du P. de Rodez : « Prendre un de ces poissons

(1) Cf. *Revue de l'Hypnotisme*, Sept. 1898. Gingeot : De l'emploi thérapeutique de la suggestion.
(2) *Loc. citat.*, p. 41.

qui ont été dévorés et que l'on trouve dans le ventre des autres poissons, le bien rôtir, y mettre un peu de poivre et le manger en entrant dans le navire (1). Des esprits simples, des peuplades primitives avaient confiance dans le P. de Rodez ; ils ne songeaient certes pas à douter de sa parole ; ils étaient persuadés que ce moyen leur conférait l'immunité, et ce qu'ils croyaient fermement se réalisait.

D'autre part, W. James raconte qu'il s'est préservé du mal de mer par la friction et la compression des régions temporales et mastoïdiennes (2). Mais W. James était convaincu que les canaux semi-circulaires jouent le principal rôle dans l'apparition du vertige naupathique. Une action même indirecte utilement exercée sur les régions sus-nommées pouvait être interprétée en faveur de sa théorie ; dès lors, ne s'est-il pas immunisé par simple auto-suggestion ?

Enfin, serait-il irrévérencieux d'attribuer une influence principalement psychique à la faradisation épigastrique, laquelle a pleinement réussi dans certains cas et complètement échoué dans d'autres ? « Un électrothérapeute de profession a déclaré que l'électricité agissait dans les quatre cinquièmes des cas par suggestion, et il est permis de trouver qu'il n'a pas fait à la suggestion la part encore assez belle (3). »

Comment donc agit cette suggestion ? Les troubles encéphaliques, abdominaux, sensoriels, n'ont pas été supprimés ; les organes n'en ont pas moins été cahotés, et cependant le cortège habituel des symptômes morbides n'est pas entré en scène. Que s'est-il donc passé ?

---

(1) Cité par F. A. Moussoir : *Le mal de mer et le sens de l'espace*, Thèse de Paris, 1889, n° 135.

(2) A suggestion for the prevention of sea-sickness, *Boston med. and. surg. journ.* 1887, 490.

(3) Brissaud : *In Traité de Thérapeutique* d'Albert Robin, Fasc. XV, p. 50, en bas. — Je suis bien loin, certes, de vouloir exclure ici la matière médicale et l'électricité. J'explique seulement leur mode d'action et je réduis leur rôle à sa juste valeur ; ces agents resteront néanmoins des auxiliaires précieux de ce traitement psychologique qui, lui, est le principal.

Les personnes qui succombent si aisément au mal de mer et surtout aux vertiges de la locomotion se trouvent momentanément ou habituellement réaliser une ou plusieurs des conditions suivantes :

1° L'impressionnabilité est exagérée et le terrain irritable à l'excès ; l'éréthisme des diverses sensibilités fait que certaines excitations, fortement perçues, deviennent très vite exclusives, obsédantes, tyranniques ;

2° La réaction est anormale, exagérée, désordonnée ; à des excitations moyennes ou même faibles répondent des manifestations somatiques d'une extrême intensité, telles ces machines très compliquées qui produisent des effets immenses à la suite d'un infime « travail décrochant. »

3° Le pouvoir d'inhibition est considérablement atténué, la résistance psychique impuissante, le potentiel nerveux épuisé ; de tels sujets n'ont ni la pensée, ni la volonté de se commander ; ils vont à la dérive, au gré de l'automatisme de leurs réflexes.

Or, dans les nombreux cas énumérés plus haut, que l'action ait été directe ou indirecte, médicamenteuse ou verbale, fortuite ou voulue, l'élément psychologique (c'est-à-dire l'émotion, la foi, l'enthousiasme, la crainte, etc.), a considérablement modifié l'un ou plusieurs de ces trois facteurs. Tantôt l'attention e.t distraite, détournée ou suspendue ; le sujet est en quelque sorte anesthésié, il n'est pas ému ; il n'offre pas de prise ; tel le roc inébranlable contre lequel se battent en vain les flots courroucés. Tantôt encore cette même personne a conscience des excitations extérieures, mais son pouvoir réactionnel est comme frappé de stupeur ; il est arrêté, paralysé, et comme figé. Tantôt enfin, telle une sentinelle vigilante que l'ennemi ne saurait surprendre, notre voyageur se tient sur la défensive, soit en vertu d'une inhibition inconsciente, aveugle et pour ainsi dire instinctive, soit à la suite d'une exaltation consciente et réfléchie de son pouvoir de résistance.

Or, ces effets obtenus indirectement et par hasard, la psycho-thérapie s'efforcera de les atteindre de propos délibéré.

Je suis donc amené à faire, au moins dans ses grandes lignes, l'exposé systématique de ce que peut et doit être cette intervention psychologique. Les détails particuliers varient avec les individus malades et aussi avec les procédés spéciaux dont tels psychothérapeutes sont coutumiers.

Rappelons-nous l'étiologie que nous avons exposée précédemment.

1.

Si l'origine de l'état vertigineux réside dans une idée fixe, une obsession, une phobie, une association vicieuse, anormale ou morbide, etc., c'est à cet élément qu'il faut s'attaquer de prime abord. La psychothérapie y parviendra assez facilement dans les cas nombreux où ce facteur étiologique peut être minutieusement décrit par le malade lui-même ou mis en lumière par le médecin à la suite d'un interrogatoire plus ou moins laborieux.

Mais, parfois, le malade ne soupçonne pas cette origine psychique et même la nie énergiquement. D'autre part, il est des cas où le médecin le plus avisé a beau faire des prodiges de patience et d'ingéniosité : l'enquête la plus savante ne fait rien découvrir.

C'est que, souvent, cet élément psychologique, origine de tous les désordres, ne peut aborder le seuil de la conscience présente ; c'est qu'il a été oublié, à ce qu'il semble. Mais, cet oubli n'est pas irrémédiable. Si l'on veut bien recourir à quelques subterfuges et mettre en œuvre un certain nombre d'artifices, il ne sera pas impossible de dépister et de mettre en évidence ces souvenirs relégués dans les ténèbres de la subconscience.

Pour cela, le mieux est d'endormir le sujet. Et celui-ci, par le seul fait qu'il a été plongé dans le sommeil provoqué, confesse, parfois, spontanément son obsession. D'autres fois, grâce à la suggestion verbale, il faudra chasser de sa conscience présente et inhiber tout ce qui est hostile ou simplement indifférent à la recherche entreprise. Puis, on devra diriger son activité cérébrale de telle sorte qu'il puisse concentrer toute son attention et mobiliser toute son énergie psychique sur tels phénomènes antérieurs dont le souvenir sera ainsi rendu très vivace. On pourra donc atteindre, exhumer, pour ainsi dire, et faire revivre avec une grande netteté telle émotion, tel rêve.... qui étaient enfouis dans les recoins obscurs du passé et que l'on avait crus définitivement perdus pour la conscience. Le sujet endormi parvient donc ainsi à se remémorer, à décrire et à expliquer par le menu des états qui sont véritablement siens, qu'il ne se rappelait pas dans la veille précédente, qu'il aura oubliés de nouveau une fois éveillé, mais dont la connaissance exacte devient pour le psychothérapeute, la clef de tout traitement efficace.

Et, si ce procédé se montre insuffisant, on s'efforcera de recourir, — soit pendant le sommeil naturel ou provoqué, soit pendant la veille normale — à des procédés auxiliaires, comme l'écriture automatique, la vision dans les cristaux ;.... et, en général, à toutes les interventions capables de provoquer la mise en œuvre de l'automatisme psychologique (¹).

Une fois que cette cause, recherchée avec tant d'acharnement, aura été bien mise en lumière, il ne restera plus qu'à lui appliquer le « traitement psychothérapique de l'idée fixe ». Et, sur ce point, je ne puis que renvoyer aux pages magistrales qu'y a consacrées M. Pierre Janet (²). Ce facteur psychologique est un système très complexe ; on devra en dissocier les éléments intégrants, puis, s'attaquer à chacun d'eux séparément, les inhiber, les plonger dans l'oubli ou bien les faire entrer dans des associations nouvelles, tantôt seulement inoffensives, tantôt véritablement salutaires. Or, pour extirper cette idée fixe avec toutes ses complications et ses répercussions variées, rien ne vaut la suggestion.

(1) Je n'insiste pas sur ces détails, ayant l'occasion de les exposer amplement dans un autre travail qui va paraître prochainement. — Voyez Pierre Janet: Névroses et Idées fixes, *passim*.

(2) Cf. *Traité de Thérapeutique* d'Albert Robin, fasc. XV, p. 158 et sq.

2.

Dans les cas très nombreux où la cause de ces états morbides est somatique, la suggestion encore s'impose, mais son action s'exerce tout différemment.

Tantôt, il suffira de faire, aux approches du voyage, une ou plusieurs séances de psychothérapie ; la parole à la fois autoritaire et persuasive représentera la traversée comme *pouvant*, puis comme *devant* s'effectuer sans malaise : la croyance en une réelle immunisation est encore le plus sûr des antidotes. Tantôt il faudra faire plus que de simples suggestions verbales ; il sera fort utile, ainsi que l'a recommandé M. Bérillon, de faire avec tous ses détails le simulacre du voyage redouté ([1]).

D'autres fois encore, on aura soin de fournir au prédisposé un précieux viatique tel que pilules, potions, etc. On lui pourra créer aussi, par exemple, un point hypnogène par la compression duquel il lui sera loisible de prévenir les symptômes morbides ou de les suspendre s'ils viennent à entrer en scène. Plus simplement encore, on obtiendra qu'il concentre son attention sur une lecture, qu'il regarde avec persistance le même objet ou le même point de l'horizon, de manière à demeurer indifférent à tout le reste ; on le rendra ainsi momentanément obsédé par une idée fixe artificielle et inoffensive. En outre, et pour plus de sécurité, le psychothérapeute pourrait réserver son intervention pour le moment qui précède l'heure du départ ; il pourrait même accompagner le voyageur jusqu'au navire, l'y endormir, lui suggérer de n'être en rien incommodé, puis de s'éveiller spontanément au bout d'un temps plus ou moins long. D'ailleurs, les médecins de la marine devraient bien se décider à rompre avec la routine, intervenir par eux-mêmes et se décider à endormir, au moins pendant les premières heures de la traversée, les personnes très

(1) Cf. Compte rendu de la Société d'Hypnologie et de Psychologie, séance du 21 novembre 1898.

sujettes au mal de mer qui, connaissant les ressources de la psychothérapie, demanderaient à en bénéficier (¹).

Dans ces cas divers, que la psychothérapie soit intervenue avant ou pendant le voyage, dans le cabinet du médecin ou sur le véhicule lui-même, on n'a pas modifié directement les mouvements ou les chocs des divers organes ; on a obtenu momentanément pour tels cas particuliers, l'un ou l'autre de ces résultats, ou même les deux à la fois, savoir :

1° Une suppression ou une diminution de l'impressionnabilité.

2° Une inhibition de certains phénomènes réactionnels.

De toute façon, l'on a réalisé, pour une circonstance déterminée et pour une durée plus ou moins limitée, un état de défense assez voisin de l'assuétude que présente le marin « emmateloté. »

3.

Mais ces interventions ne sauraient suffire, au moins dans tous les cas. Les personnes que nous aurons ainsi traitées ne seront peut-être indemnes que pour les malaises spéciaux dont nous les aurons une fois préservées. Tel jour, sur tel bateau ou sur tel véhicule, elles supporteront facilement le voyage, mais peut-être, une autre fois, risqueront-elles de succomber encore, si elles se passent de notre secours. Rien peut-être ne les empêchera de demeurer, par la suite, la proie de leurs idées fixes ou de leur éréthisme sensoriel.

L'objection, certes, est fondée, et il convient de la prévenir en instituant, par surcroît, une cure complémentaire dont l'effet sera d'améliorer l'état général et de réformer l'activité

---

(1) Faisant allusion à la communication que j'ai faite à la séance annuelle de la Société d'Hypnologie, le 11 juillet 1898, un journal anglais : *Punch, or the London Charivari* (5 nov. 1898, p. 214) a précisément publié, sous forme de caricature très plaisante, la scène dont il s'agit ici. Cette intervention ne paraît étrange que parce qu'elle est nouvelle. Elle a pour but de prévenir des manifestations très douloureuses, et cela seul suffit amplement à la légitimer.

mentale trop souvent désordonnée. On accoutumera le sujet à ne plus être le jouet de ses impressions, mais, au contraire, à en prendre pleinement conscience, à les analyser et à les critiquer, à se rendre un compte exact de leur origine et de leur importance, à manier à leur égard cette arme précieuse qu'on appelle le doute ; on lui apprendra à briser les associations funestes, à manier le frein des contre-représentations, des contre-motifs et des images réductrices, à récupérer ainsi le libre usage et la pleine direction de ses pensées ; on le mettra en garde contre cette défiance de soi qui paralyse toute activité ; en même temps, on s'efforcera d'exalter en lui le *tonus* et de restaurer l'énergie psychique ; on l'habituera à concentrer son attention, à mobiliser son effort, à réagir, à inhiber (¹).... Et, grâce à cette éducation, à cet entraînement, à cette discipline psychique, on augmentera par contre coup la résistance physiologique.

Une telle cure portant sur l'état général devra se surajouter à toute intervention psychothérapique spéciale, si l'on veut que les résultats deviennent durables et, dans une certaine mesure, définitifs.

*
* *

Tel est le but que l'on se propose ; l'atteindre pleinement n'est pas toujours aisé ; c'est une sorte d'idéal duquel il convient de s'approcher le plus possible. Or, pour le traitement des symptômes dont il a été parlé plus haut, comme pour la cure complémentaire dont je viens d'établir l'utilité, la suggestion hypnotique est le procédé de choix, l'intervention héroïque qui permet d'obtenir des résultats souvent surprenants « *tuto, celeriter et jucunde* ». Mais, lorsque le sommeil hypnotique ne peut être obtenu qu'avec peine ou lorsqu'on se heurte à des craintes puériles ou des préventions injustifiées (²), la psychothérapie n'est pas à bout de ressources ; il reste la sug-

(1) Voyez à ce sujet l'ouvrage si instructif du Professeur Ruggero Oddi : *L'inibizione dal punto di vista fisio-patyologico, psicologico e sociale*. Torino, Fratelli Bocca, 1898.

(2) Déjà, avant le *Punch*, un autre journal anglais, *The Globe* (27 octobre 1898) s'était occupé de cette question, et il en disait ceci : « The voyager may doubt, however, whether mal-de-mer is not better than mal-de-mesmer. » Mais de bonnes raisons vaudraient mieux que l'ironie même la plus spirituelle.

gestion directe ou indirecte à l'état de veille et puis aussi cette autre à laquelle on n'accorde pas la place qu'elle mérite, je veux parler de la suggestion pendant le sommeil naturel. Cette dernière est susceptible de se montrer aussi efficace que la suggestion pendant le sommeil hypnotique et, d'autre part, elle supprime les appréhensions ou les longueurs que com. portent parfois les tentatives d'hypnotisation ; en outre, elle s'adresse immédiatement au malade pendant qu'il dort paisiblement dans son lit.... Mais je n'y insiste pas davantage, ayant ailleurs déjà légitimé l'emploi et formulé la technique de ce précieux procédé d'intervention ([1]).

*
* *

Ceux qui, s'attachant à guérir les malaises dont je m'occupe ici, ont, en vain, essayé toutes sortes d'interventions (sauf, bien entendu, la suggestion), ne manquent pas, dépités par leur impuissance, de dire qu'il n'y a là qu'un intérêt thérapeutique médiocre.

Cependant, en ce qui concerne la naupathie, par exemple, ne sait-on pas qu'elle peut provoquer et qu'elle a provoqué réellement des accidents très graves, parfois même mortels dans des cas de grossesse, de cardiopathie, d'artériosclérose, etc. ([2]) ?

Quant aux états analogues à la naupathie, s'ils ne sont pas, en effet, très graves en eux-mêmes, ils constituent des malaises très pénibles ; ils causent des souffrances et des angoisses contre lesquelles il est méritoire et juste d'intervenir.

Et puis, par la suggestion nous n'atteignons pas seulement l'état morbide passager. Le traitement psychique a des effets plus lointains et plus généraux ; il remet en ordre un état mental souvent quelque peu déséquilibré ; il rend la posses-

---

(1) Paul Farez : *De la suggestion pendant le sommeil naturel*, Paris, Maloine, 1898.
(2) En voici quelques exemples : W. H. Hopkins, Case of spontaneous separation of the placenta in a case of sea-sickness. *The Lancet*, London; 1860, II, 587.— Fournier : Un cas grave de mal de mer, *Archiv. de méd. nav.* 1874, 59. — G. G. Parsons, A case of delirium tremens following sea-sickness. *The Lancet,* London, 1889, 218. — Dr Jobert : Cas de folie, cité par Mestivier : De la nature et de certaines conséquences physiques et morales du mal de mer. *Union méd. de la Gironde*, Bordeaux, 1860, 541-551. — J. Ware : Case of sea-sickness terminating in a singular affection of the mind. *Amer. journ. of the med. sc.*, Philadelphia, 1829-1830, 379-385.

sion d'elles-mêmes à des personnes qui jusqu'alors étaient de simples esclaves de leur sensibilité.

Par exemple, je connais une dame qui fait quotidiennement un détour et va passer par le Pont-Royal ou le Pont des Arts, afin d'éviter le Pont du Carrousel, lequel, supporté par de grandes couronnes métalliques, présente des trépidations d'une certaine amplitude, lorsqu'il est ébranlé par les lourds omnibus. Une autre dame est très peinée de n'avoir pu, depuis plusieurs années, se rendre chez une de ses parentes qu'elle aime beaucoup ; c'est que cette dame est sujette aux palpitations et, à cause de cela, elle ne saurait se résoudre à gravir plusieurs étages. — « Mais il y a un ascenseur, lui objecte-t-on. » — « Elle se garderait bien d'en user, répond-elle, car elle est *tout à fait certaine* qu'elle serait aussitôt prise de vertige ». Ce fait n'est pas très rare, puisqu'en Amérique on vient de décrire tout récemment une « Névrose des ascenseurs ». Il serait de même très extraordinaire que l'emploi, toujours croissant, des automobiles ne fît naître des malaises et des vertiges analogues, en rapport avec les trépidations presque inévitables de ces véhicules. Dans le même ordre d'idées, ces états vertigineux ou nauséeux se sont manifestés sur les divers manèges de chevaux de bois, sur les « montagnes russes », à la Grande Roue de Paris, sur le tapis roulant des magasins du Louvre, etc.

Dans ces divers cas, il ne s'agit pas de maladie bien grave, assurément, mais les personnes qui y succombent possèdent une impressionnabilité anormale ; elles sont à la merci d'associations vicieuses ou d'habitudes tyranniques ; si elles avaient recours à la psychothérapie, elles cesseraient d'aliéner leur moi, elles seraient affranchies de ce qui les subjugue, elles pourraient recouvrer la maîtrise d'elles-mêmes.

En somme, la *vaccination psychique*, l'immunisation morale paraissent appelées à rendre des services inappréciables et à mettre de plus en plus en lumière la profonde et réconfortante vérité de cet aphorisme : « L'esprit gouverne, le corps obéit. »

TABLE DES MATIÈRES

I

LES FAITS

II

ÉTIOLOGIE

III

TRAITEMENT

Paris, Imp. A. Quelquejeu, rue Gerbert, 10.

2 0

PARIS
IMPRIMERIE A. QUELQUEJEU
10, Rue Gerbert

20

www.ingramcontent.com/pod-product-compliance
Lightning Source LLC
Chambersburg PA
CBHW071011280326
41934CB00009B/2262